금강 아리랑

이경자 시집

들꽃시선 95

금강 아리랑

이경자 시집

들꽃

책머리에

『금강 아리랑』은 내 고향의 정서요 삶의 터요 생활의 미학이 숨은 곳이기도 하다.

6권의 시집이 『금강 아리랑』인데 나는 내 유년의 꿈의 언저리에 올라 고향이란 이름을 부르고 그 속에 많은 인연을 부르면서 이번의 시집을 선 보이게 되었다.

내게 노래할 수 있는 꿈이 커 있다면 그것은 고향이 있다는 점이요, 고향에서 나와의 관계로 맺은 사람과 자연과 모두와의 사랑에 있다고 하겠다.

금강 굽이굽이 물결을 연출하면서 월명공원의 풍광을 다스리면서 나는 막 시집 탈고를 맺고 그 서문에 필하고 있다.

영원한 나라의 영광을 위하여 여섯번째 시집을 드립니다.

2008년 싱그러운 오월의 자리에서

小香 이 경 자

금강 아리랑

차례

묶음 하나 : 신성리 갈대밭

금강 아리랑

묶음 둘 : 세월

금강 아리랑

묶음 셋 : 단 한번의 노래

금강 아리랑

묶음 넷 : 차단된 바다

금강 아리랑

묶음 하나

신성리 갈대밭

금강 아리랑

성산 고봉공원 넘어서 가자
재 넘어 가자
산태나무 열진 산골짝,
산돌아
다리실 골짜기 지나서 가자

깨죽나무가 동네 어귀를 쓸고
댓잎소리
산타령으로 키우는
금강 하구뚝 따라 가자
금강물 넘실넘실
춤으로 돋은
금강 아리랑

서천의 뚝따라 신성리 갈밭
물따라
세월따라
꿈따라 가면
군산선창 둘러 온 째보선창

자분 자분 소리 듣는가

월명산 산자락에 달빛걸어
산울림 울고
이른 봄 동백꽃 지피고
늦봄 지나면서 아카시아 꽃지펴
잡목림 묻어난 푸른 산타령
걸어메고
금강을 넘나드는 곳

하얀 눈발 서리서리 얽혀오면
천지간 정을 부르고
정을 걸어 울리면
동화로 피운 꽃가지 전설에 걸고
금강을 넘나드는
금강 아리랑

강이 간다
서해 강물이 숨쉬어 간다
산타령 들으면서
강이 간다
물따라 세월이 간다
금강 아리랑

고향 뜰

내 고향 뜰
풀밭에
그리움 하나
이슬로도 영롱이 매달렸습니다
바지 자락에 묻어나면
잊혀진 세월이
눈물지듯 얼룩지고

얼룩진 옷자락엔
어머님이
저문 뜰에 와 있어서

내 고향 뜰
정든 자리에
사랑은
전설로도 매달려 있습니다

신성리 갈대밭 · 1

신성리 갈대밭에 가면
몰려온 바람이
우리들 앞에 와 서성이면서
내 마음을 알고
울고 있다

정이 사무친 것,
끄시면서
바람은 샛길을 누비고
갈숲에 숨어 크는 들국화는
그 소리를 듣고 있다

어느 골목에 이르면
내 삶의 연치를 꽂은 억새 꽃
하얀 머리채처럼
내 곁을 맴돌고
세월처럼 무심한 뜻을 헤아리면

강물 한 두름씩 바람 젖어서

은무리져 내리고 있다
화려한 풍물처럼 울려댄
옛날을 부르면서
때로는 서러운 까닭을 알고 물은 출렁인다

신성리 갈대밭 · 2

신성리 갈대밭에 가면
성글게 지펴놓은
구월의 강꽃이 물에 젖어
은편을 찍어 바르고
사람들의 앞에 서서
시름겨운 날을 일러주고 있다
무심한 것과
욕망에 사로잡혀
잃은 것과
얻고자 하는 몸부림까지
갈대밭의 갈잎은 바람젖어
흔들리고 있다
혹한의 세월이 무엇인가
연민에 떨고 있는 것이 무엇인가
상심으로 얼룩진 그 뒤에
흔적을 뿌리어 놓은 것이 무언가
그렇게 물으면서
신성리 갈밭엔 마중나온 억새와
동행하며

길마다 하얀 꽃비를 털고
무량으로 쏟아지는 인생의 텃밭과 같이
금강유역에서 바람젖어 떨고 있다

거전리 풍경

거전리에 가면
아득한 날
바닷물 소리 유장에 떨고
촌락의 아낙이
꼬막국수 담아 나른 자리에
옛날이 풍성한 채
찾아 준다

산천은 유구한 탓에 정에 울고
정을 불러 어루고
꼬막국수,
거전리 풍경이
물소리 저 편에서
전설처럼
동화를 엮어 나르게 한다

나룻배가 물가에서
주인 잃고
시름젖다 잠이 들고

빈 자리 마지막 까지
남은 자리에
나무재 풀나무에 올라서서
엄지발 붉게 태우는 논밭 게,
그 논밭 게가
바다를 관리하고 있다

싸릿대 젖은 자리

싸릿대 즐비한 길을 가다가
그 야산 오솔길에 서서
잊었던 전설을 부르고

고샛길 정자목까지 길을 쓸고
뉘 올까 기다린 자리
그 자리 아직 남아 다사로워서

산길엔가
오솔길 이 길에서
그리운 사람을 불러 보고 싶다

고향 언저리
손에 손 맞잡은 아이들 소리
정겨운 노래 동산을 메우면
밤별은 숨은 얼굴 비치고
굽이굽이 오솔길
산길,
싸릿대 즐비한 길을 간다

금강 유역 · 1

강물을 움직이게 하는 것은
바람이 아니라
조각진 물비늘이 아니라
수심에 차오르는 얼굴
흔들어 대는 갈대다

시름을 놓고 부르는
그리움,
그리움으로 사무쳐 오는 것들을 거느리며
밤별 길게 띄운 어귀에서
강물은
세월에 울고
사랑에 울고
동화 같은 이야기의 줄거리 따라
전설에 젖어 운다

마음자리 마저
하도 스산한 까닭에
강어귀 물비늘 튕겨가는 동안

금강 하구뚝 주변에
나와 닮은 철새가 와서
까닭도 모르면서 울고 있다

금강 유역 · 2

강의 가장 자리에 가면
우리네 풍속을 엮어낸다

아지랑이 물위에 뜨고
연기가 굴뚝을 타오르고
새가 울어대는 쪽에 가면
우리네 삶이 미풍에 젖어
가늘게 떨고 있다

월명공원 바람에 풀잎 돋아나
옛날에 있었던 이야기 엮어내고
아이들의 놀이터에
물안개 끼어 돌고 있다

오랜 날 풍화작용으로
뜸뜸이
흔적에 젖은 전설은
바람에 묻어나고

강쪽으로 작은 길을 따라서면
갈잎에 제흘로 울어댄다
우리네 풍속을 그리워 하면서

세월이 간다

흔적일랑
언제나 묻어나고 있지만
인고의 삶이 고단한 까닭에
바람에 차이고
세월에 퇴색하고
황혼에 물들어서
이리 짓밟히고 저리 짓밟혀
신음하다가

뭇 별이 쏟아지는 밤이면
깊이 사무치는 님 부르며
사뇌에 젖어
영혼으로 떨기도 하고
무심한 밤은
우리들의 이야기를 거느리며
비창에 떤다
세월은 가고
흔적으로 아픈 밤은
고단한 풍속에 젖어 있다

고향이라면

한번쯤
돌아 볼 일이다

가다가 오르막이 언덕을 만나
잠시 쉬어보면
허리 굽은 할머니의 숨결 어리고
단발머리 소녀와 같이
옛일을 불러 볼 일이다

고샷길에 돌아서면
옛날에도 그랬더니
어머니의 음성이 나돌고

정든 사람의 정보다 곱게
언덕배기
아카시아 꽃 넓히고
황기 나부끼는 고향의 동산에
세월이 몰고 간 사랑이던가
돌아보면서 불러 볼 일이다

동진강 유역에서

갯벌을 끼고 가면
물새는 갯벌을 딛고
걸음마를 배우고

제뜻을 펼친 뒤에
그것이 즐거워서
웃음을 대신하여 끼웃거리고

물풀마저 나부끼는 자리
바람은 수평선 가로 질러
언덕에 오를 때

촌부는
동진강 유역을 따라 걷다가
팔월 한가위를 앞에 놓고
농로를 바라보고 있다

세월은 철 따라 가고
가는 철을 보내고 있는

촌부는
물새가 걷는 발자국을 따라
걷고 있다

산길을 가다

정든 길
산길을 따라 가다가
산국화 비에 젖어 온
봉오리 보고
옛 일을 하나 하나씩 물어 보았네

산피리 하도 고와
들어 보았더니
산풀은
묻어논 정 풀어 놓고는
꿈으로 돋아난 세월 불렀네

가는 길 따라서
고향 부르면
어깨동무 고향친구
두고 그립네

산길엔가
사랑담은 고향길인가

오솔길 비에 젖은 길을 가면
산국화 봉오리마다
맺혀 웃었네

북악 산정 · 1

북악산에 오르다가 환등에 눈부셔
머뭇거리면
바람이거나
가을 나무 골이거나
문명으로 포장된 모서리에
남아서 그리움에 떨려나는
사랑과 마주친다
깜박거리는 가로등보다 밝게
그리운 길을 서둘고 있는 사람들
아주 오랜적 기억을 밀방에서 꺼내들고
사랑으로 노래하는 사람들,
서울 하늘 네온불 깜박거리는
시절 그리운 자리에서
황홀한 춤을 연상하는 사람
밤이 타오르고 있는데
북악의 산이 황홀한 풍경을
걸어 놓고 있다

북악 산정 · 2

북악산으로 가자
풍물패 원무로 시샘에 찬
산으로 가자

산자락 끄시면 향락의 도시
풍물은 오래 울고
밤별도 유랑하다
여기서 멈춰 놀고 있거니

굽이굽이 돌아서 간다
북악산으로 간다
산풀 산향기 풀풀 날리는
산으로 간다

어느쯤엔 바윗돌 경문 새겨
세월을 감고
삶은 풍물을 울린지 오랜
북악산으로 가고자 한다
청청한 산으로 간다

옛집

눈이
하얀 눈이 내리는
내 살던 고향 들녘인데

밤으로만 와서
정은
사모롭게 설레이는데

짚단 쌓인 바람박이
그 자리에
꿈과
사랑이 남아 아파 오는데

세월은 가고
사랑은 아파 우는 것

내 살던 빈 터에
쌓던
수심의 높이

눈이 쌓이고 덮힌
빈 자리에 있다

향수 젖은 날

내 어머니가 일러준 달빛을
보기 위하여
보름맞이 창밖에 나서다가
구름덮힌 하늘을 본다

바람은 풀섶을 여미면서
내가 그리던 사랑을 엿듣고
구름 밖에서
시름을 날라 주기도 하고

산 돌아
들을 휘감아 놓고
개울 물소리
흐느끼듯
내가 흠모한 날을 불러주고

소리 소리젖은 방향을 두고
길을 나서고 싶은데
어머니가 일러준 달빛이 없어서

나는 길을 헤매고 있다

댓돌을 걸으며

나는 걷고 있습니다
댓돌
그 둔덕에 뙤집 꾸며 살던
친구의 가난한 정을
찾고 있습니다

물은
얼마나 많은 날 흘러 보냈을까
얼마나 많은 정 담고 갔을까

보름 한가위
달은
서산 밖으로 지고

어릴적 이야기가 묻어
소리치는가

나는 걷고 있습니다
댓돌

큰 뚝에서
흔적에 묻은 사랑을 부르고 있습니다

강천사 냇가

무심초가 물에 젖어
목욕을 하고 있다

사람의 몸에 때가 묻어
시대에 젖고
오류의 세상이 무심하여
무명초가 물에 젖다
끝내 목욕을 한다

천년 세월을 굴린 돌멩이가
물에 젖어 신음하고
갈바람이 나뭇잎 흔들어 온
뜰 한가운데를 바라보면서
무량으로 하늘을 우러러
그리워 하면서
무심초가 개울가에서 목욕을 하고 있다

동백정

섬 하나가 물위에 떠 간다
섬 하나가
어디로 갈까 걱정하면서
물새가 울고 있다

하늬쪽 바람
물살처럼
흰 눈처럼 하얗게 베이고

동백꽃잎
섬 하나가 물위에서 떠 갈 때
사랑에 울고

섬 하나가
어디로 갈까 걱정하면서
사랑이 아파
물새가 울고 있다

물속에 빠져 노는 나무

프리즘을 건너서 온 하늘이
호수위에 떠 놀고 있는 동안
그 고운 자태가 사랑스런 까닭에
나무들은 물속에 빠져있는 줄도 모르고
그 푸른 빛살에 젖어 있다

물속에 빠져있는 모습이 안타까워
참새떼 몰려와서
걱정스러워 지저귀고
수평을 지나는 바람소리가
옛 정을 키우면서
나뭇가지를 흔들어 대고 있다

하늘의 푸른 빛과
푸른 물과
나뭇 잎사귀가 불러대는
아스라한 사랑이 기억되어서
물가에 앉아 세월을 낚는
낚시꾼들,

지금 파란 하늘이 낚시 끝에 걸려 있다

황혼전서

노을은
가을의 노을은
논밭 게 엄지 발톱보다
곱게 타오른다

시절을 얹고 그리워하면서
그리운 시절 부르고는
시골길
마을 어귀 고샃가를 쓸다가
우정을 두고
무정에 아파하고

그리움이 수 세월을 두고
사랑으로 달아 붙어
내게 울음을 일러 주듯이
꿈길 걸으며
꿈길을 걸으면서
밤깊은 자리에서 울고 있다

세월이 하도 빨리 지나서 그랬던가
볼 수 없지만
꿈으로 지핀 날이 그리워서
노을은 흔적만 남기고
고향녘을 둘러서 가고 있다

빈 의자에 앉아

그 사람 떠난 자리
그 자리에 와 있습니다
풀잎 무성하더니
시든 세월만 남아 있습니다

밤은 스산한데
물소리마저 지피는데

처얼철
넘치는 것이
사랑이여서 연민에 떤다

밤공기 차가웁더니
소스라치는 바람이 분다

댓잎에 앉은 눈

댓잎에
하이얀 눈이 내려 앉아
동화같은 이야기를 엮고 있다

바람이라도 와서 손을 내밀면
꿈으로 피우는
진실을
풀어내기도 하고
밤깊은 줄 모르고
고샷길이거나
산비탈
깊은 곳에
눈은 내리고 쌓여

어느 절간을 둘러 나온
풍경처럼
순정의 이야길 끄집어내고

댓잎에

하얀 눈은
동화를 엮어대고 있다

불구의 자녀앞에서

마침내, 빗낱은 뜰을 쓸 듯이
흐르는 세월 빗낱에 젖어서
신음하고 있습니까
불구의 육신을 바라보면서
연민에 사무친 까닭에
시름을 실타래 풀어 내듯
번민 하며
밤별이 성근 자리에 앉아서
어머니, 당신은 끝내 신음 합니까
저만큼 외진 자리 둘레에
개울물 흐르고
밤별은 시름젖은
불구의 온 몸을 어루만지는데
세월이 물줄기 따라 흐르고
어머니, 당신은 끝내 신음 합니까
빗물은 젖어 흘러내리는데

할머니의 뜰

옛날, 내 할머니가 눈깔 사탕 하나를
치마폭에 감추었다가 어린 나에게 꺼내 준
그 할머니의 삶이 묻은 밭두렁에 서서
할머니가 일러준 사랑을 줍고 있습니다

할머니께서 때묻은 내손을 어루만지고
두 볼을 감싸 주고 손잡아 주면서
둔덕길 오솔길을 내려온
그때의 광경을 기억하면서 밤공기
지핀 뜨락 달빛에 취하고 있습니다

길은 길인데 방향을 잃고 감각이
무딘 채 장성처럼 서서 밤공기
지나는 소리에 취하고는 언덕길
할머니의 손끝에 매달려 있던
시절을 그리워하면서 눈깔사탕
하나를 입안에 넣고
굴러대고 있습니다

묶음 둘

세월

가을 장미꽃잎
사립문
기억의 문
오래된 것에 대한 그리움
그의 앞에서
비가悲歌
고독한 연주
세월 · 1
세월 · 2
아픈 좌표
그리움의 찬가
새의 울음 · 1
새의 울음 · 2
창시의 눈
문
꽃 길에서
사랑의 등피
사랑의 이치
은사시목 소묘
설화로 피는 이름
잃어버린 날들
지금쯤 그 언덕에는
우정의 꽃
어느 한 날
봄밭에 살자

가을 장미꽃잎

찬이슬 내려 앉은
장미 꽃잎이
놀라워
하나씩 떨고, 있더니

바람 따라
길 따라
무심한 몸짓으로

휘어로운 세월 얹힌
사랑 불러서
한 가닥
두어 가닥
기억을 놓고

처얼철 내린 이름
쓰다듬더라
찬이슬 내려앉은
장미꽃이

사립문

사립문 여닫히는 소리가
그리워서
문전에 서성인다

충직한 버릇처럼 아름다운 관습은
없는데
다들 들어서고
나가는 얼굴들 사이에서
그 얼굴을 위해서
문을 나서고 있다

하루가 멀다하고 뛰어다니다
돌아서서
문을 열고 들어서야 하는 문,
그 문을 유추하고 있다

덜커덕거리는 세월이 앞에서
가로막기 때문에
탈진하기 까지

나는 문전 모서리에 서서
그리움 때문에
한참은 엄숙한 몸짓을 하고 있다

기억의 문

문은 닫혔으므로
열리기를 소원하면서
하나씩 기억하고 있습니다

문고리 흔들면
덜커덩
소리 나기 때문에
조용히 흐느끼고 있었습니다

언제나 탈진된 대로
머물고 있거나
숨막히게 속앓이 하다가
문전에
그냥 주저 앉고 있었습니다

바람이 불고 있으므로
바람막이가 된
백지 창문 앞에 서서
유리알보다 빛나는 날을

다시 부르고 있습니다

오래된 것에 대한 그리움

해묵은 상심도 꺼내보면
사랑인 걸
벙어리 되어
벙어리 되어 가면
절망으로 아픔을 본다

밝은 눈
밝은 영혼을 추스를 수 없어
설움의 때깔을 닦고 있지만
끝내 비껴지지 않는다

꼭 가서 만나야 할 사람을 부르지만
부산한 것은
바람 같은
무심 같은 허상일 뿐

기껏 불러보고 생각을 접어
안 호주머니에 넣고 싶지만
절박한 세월이

얽히어서
물여울목을 보고만 있다

그의 앞에서

언제나 문을 열고 있지만
나는 문전을 들 수 없다

눈물보다 곱게 기폭이는
흐느낌이
내(川)처럼 흐르고 있어서
나는 그의 가슴을 여밀 수 없다

나는 언제나 그의 곁에 가면
갈수록
아득한 아픔이 와서
도망치고 있다

언제나 바람의 굴레를 벗지 못해
망망해 하면서
그의 곁에 머물기를 소원하면서
나는 그 곁을 떠나고 있다

비가悲歌

생각해 보세요
솟구쳐 달아오를 때쯤
잃어버린 것이 무엇인가
하얀 겨울에 찾아준 정연한 눈부심이
무엇인가 생각해 보세요

요동하지 않나요
바다의 한 가운데에서
비수처럼 하얀 날끝의 파도가
온 몸을 가르듯이
신음하지 않나요

따뜻한 정지는 처음부터 없습니다
지향을 위한 이별은 없습니다
겸손으로 몸가림하는 것은 허구입니다

뜻으로써 부르며 눈물을 머금는 것은
참으로 아픈 행복입니다
절망은 견고 하지만

그럴수록 사랑은 비창에 꽂혀
빗물보다 줄기찬
아픔의 연주로 시작되고 있습니다

고독한 연주

왜 그랬는지 모르고 있지만
아마, 저물어 간 시절을 부르고
그때에 또 울었습니다

버림받은 날을 두고
사랑을 묻듯
푸른 물빛의 파동을 그리워하고 있습니다

눈물이 많은 사람은
웃을 줄 아는 날을
제 혼자 부르는 까닭입니다

가끔은 독백처럼 뇌이고
가끔은 고마운 바람에 취해
각혈을 해 대고
꽃밭에 앉아 보고 싶은 날
꽃밭을 일구고
저리도 아득한 빛깔기 속에 묻혀
또 독주하고 있습니다

세월 · 1

흰 눈 내립니다
내릴 뿐 아니라 길을 쓸어 놓아서
백야입니다

그 세월의 톱니바퀴 돌아나서
그리움 끼우고
동화 같은 이야기 나누고자
전설의 언덕에 오르고 있습니다

바람 불고
끝내 폭우 쏟아지고
강 언덕에 오르면
빙하의 강에 눈이 내리고 쌓입니다

얼마나 많은 것 잃어 버렸는가
얼마나 많이 그리워하고 있는가
꽃불 타는 날
사랑이 그리운 날의 언덕에 오르니
흰 눈 내립니다

밤으로부터 아파 울던 까닭을 두고
지금은 이미 백야입니다

세월 · 2

꽃은 피어 만발하니
그 자태 고울레라

섬섬옥수 꽃잎마다
그 사랑 분분하니

고운님 뵈올때
수줍은 인생이라

그것 또한 잠깐이니
지는꽃 서러울레라

슬픈 좌표

서로의 느낌으로 그리워할 때
긴 사연으로 눈물을 가두었다
그리하여 서글픈 까닭에 울었고
허물어진 탑의 모서리에서
낙숫물 소리를 들었다

씻기어도 끝내 부스러기로 남은
사랑 때문에
꿈으로 여울진 회한때문에
울음을 두고 팔랑개비처럼
처연했다

언제나 밀리어 오는 것
그 속박 때문에 또 울었고
몸짓 가장 자리로 전율하는
눈물 때문에
억겹의 세월을 꿰매고 있었다

우리는 처음으로 소원한 것

사랑이었고
우리는 처음으로 굴리어 본 것
그리움이었고
그리하여 사무친 아픔 때문에
또 울었다

그리움의 찬가

우리 서로 그리워 하자
해 그을린 자리에 바람이 와서
앉아 놀더라도
저무는 날이 아파 올라서
눈물이 새록새록 소리지를 때까지
그렇게 그리워하기로 하자

사람이 사람을 그리워하는
그때가 언제이든지
또한 별들이 떠 오르듯
지는 밤의 질퍽거리는 시간이든
그 무엇이든 정으로써 서글퍼 울면
그때에도 그리워하자

헤어진다는 것은
또 하나의 사랑을 위한 약속이다
허물어진 집 담 넘어
굴뚝에서
연기 모락모락 돋는 날을 두고

우리 서로 같이
그리워하기로 하자

새의 울음 · 1

새가 운다
반드시 획득한 뒤
목소리 모으고
새는 서글픈 목소리를 낸다

가끔은 버릇처럼 몸짓을 흔들기도 하지만
사람들 앞에서
날갯짓 하며
고운 노래로 사랑을 연습한다

숨결 가즈런히 띄우고
눈물 흘리는
남루한 몸짓이며
울음의 텃밭이여

새는 되돌리는 세월의 뜰에서
울고 있다
울면서
시름겨운 날의 노래에 취해 있다

새의 울음 · 2

새 한 마리가 운다
나르다가 목이 쉰 채
애태워 하면서
온 몸을 무심으로 던지며 운다

산골짜기 비탈진 나무 그늘을 돌다가
숨어서 울고
결 고운 세월이 가로 막아서
또 운다

새 한 마리가 비상할 하늘을 우러러
노래처럼
산 메아리처럼
떠는 목소리로 운다

창시의 눈

신선한 생각을 겨냥하여
한 아름
신의 은총을 묻기로 하자

맑은 빛
맑은 노래
맑은 시선이라면
선착의 시선으로 손짓하자

간밤에 불어온 바람이
내 안방 침실에 젖어
아침을 엮게 되지만
온 몸을 다둑이면서
꽂힌 빛떨기
영롱한 찰랑거림을 바라보자

새록새록 젖어서 가슴 어르는
우리가 나눈 사랑의 향기,
스믈거리는 동안

거룩한 몸짓으로
사랑을 사랑하게 하자

문

열고
닫힌 문,
그 문을 나섰습니다

풀릴까
조바심으로
문을 나섰습니다

스며들 빛이며
뻗힐 힘을 두고
꿈꾸듯
꿈으로 흘러갈 날 두고
문을 나섰습니다

어디쯤 가면
향기가 지천에 놓일 것인지
풀릴 듯
사무치는 까닭을 두고
문을 나섰습니다

꽃 길에서

길을 쓸고 있는 것은
꽃잎이 아니라
시샘에 능숙한 바람이었다

비탈진 오솔길에 이르다 보면
먼저 와서 노는 것이
개나리인데
민들레가 발에 밟힌 채
울부짖고 있었다

길이면
따라 놀고 있는 것이
꽃이라 일러 왔는데
어느 날 부터인가

우리들의 식구처럼 와서
때로는 괴로움을 안겨 주고
때로는 기구한 삶에 아파하고 있다

꽃 길에 접어 들어
꽃과같이 옛날을 물으면
바람은 먼날을 우러러 아파하고 있다

사랑의 등피

네 잔등을 쓰다듬으랴
네 영혼의 치장을 그리워하면서
밤으로부터 타오르는
열화 같은 사랑의 풍속을 다스리랴.

잡힐 것 같지만 잡히지 않는 까닭이
출렁이는 것
잠기듯이 빛으로 넘쳐 빛나는 것
그것을 뽑아내고 살지만
다만 밤별이 뉘엿뉘엿 저물어 가랴

네 손끝에서 빛나는 표정을 짓고
빨간 열기로 남아 도는 것
조용히 읊조리지만
다시 피어나는 것
사랑의 살갗의 두께로 빛나는 것
그리하여 네 잔등을 쓰다듬으랴.

사랑의 이치

눈물을 헤아리는 것은
세월이 아니라
세월이 남겨놓은 눈물이다

눈총을 받으며 사랑을 놓고
사랑으로써 아파하는 것은
그리움이
목메이는 소리를 내기 때문이다

바람도 소슬하게 밀리면
소스라치는 것
강물일까
눈물일까

울만큼 울 수 있는 것은
행복 자리에 있는
사랑의 잔해이다

은사시목 소묘

은사시목은
바람이 키우고 있다
고향의 언덕을 칭칭 감아 조이면서
꿈을 키우기도 한다

온 몸을 감아 조이는 바람이
산빛을 털어
채색의 사랑을 가꾸기도 한다

사무치는 것
잔잔한 시샘이 걸려
별빛에도 젖어 외로워 하는 것
은사시목은
피리소리를 엮어내면서
빛나기도 한다

설화로 피는 이름

설화 지핀 풍물은
제 홀로 울고자 했어
유성의 꼬리를 늘이고
풍악소리를 내거나
전설속에 묻힌 이름을 늘이면서
꽃 길을 갈고 닦고자 했어

내가 사랑하는 이름을 외우면서
여명의 아침을 맞고자 했노니
청명한 날이 잡히듯
사무처 와서
밤으로
밤으로만 타오르는 사랑을 뇌이고 있노니

한밤에 독주를 서둘러
설화 핀 가지에
꽃과 춤으로 연주했어

잃어버린 날들

눈빛 서린
양지녘에
뜨겁게 타오르고 있는 것은
잃어버린 세월의 잔해였습니다

밀고 당기는
인연들 속에서
부비고 살아온 날들이
어찌 그리 애잔한지요

거울앞에 비쳐진 모습은
세월의 흔적으로 남아
이제는 잃어버린 날들의
잔해를 하나씩 털어내고 있습니다

지금쯤 그 언덕에는

못내 덮어두고 싶었던
무구한 사연들의
아픔이 있었습니다

뻐꾸기 소리 저며오는
그 언덕에는
들꽃의 향기보다 강한
오열의 흔들림이 있었습니다

옷섶이 젖도록
타오르는 빛살속에
만져질 것만 같은
당신의 음성

약속의 흔적은 남았는데
시리도록 아픈 이별의
시간은 멈추었습니다

그러나 향수처럼 묻어있는

그 언덕을
나는 잊지 못합니다

우정의 꽃

징검다리 건너갈까
우정의 꽃 피워볼까
전설처럼 뿌려놓은
곱디고운 우리사랑
그사랑
촘촘히 수놓아 가며
천년만년 살아보지 않겠니

어느 한 날

얼마나 많이 걸어온 길이기에
뒤돌아 보는가

지천을 깔고 누비는 것은
구름처럼 너울 거리는 시름뿐입니다

영원할 것 같은 모든 것들이
삶의 무게로 와 돋고
세월이 그렇게 밀린 자리에 서서
나를 바라봅니다

하얀눈이 펑펑 쏟아지는
어느 한날
한없이 울겠습니다

봄밭에 살자

꽃처럼 살자
꽃떨기처럼 살자

봄꽃 흥그러운 봄밭에서
나비 날고
벌 앉아 사는
따사로운 봄날로 살자

그리우면 뜰에 나가
봄밭을 일구고
그리운 날 부르며
봄날은 웃는다

꽃처럼 살자
꽃떨기처럼 지천을 깐
봄밭으로 살자

묶음 셋

단 한번의 노래

사랑밭 가꾸기

언덕 위로
무성한 풀밭,
풀밭이 길을 가꾸고
언덕배기 개울물
물소리 처얼철 넘쳐 난다
여기가 사랑의 자리
박동이 넘쳐 나니

청춘의 노래가 있다
힘이요
삶의 빛이 있다
끝없이 지피는 메아리가 있다

길 언덕에 서서
무성한 풀밭에 서서
개울물 넘쳐나는
힘의 요람을 본다

기원을 위한 시

노래가 있다면 부르게 하오
생각과 느낌을 한꺼번에 쓰다듬고
녹색 의상을 두른 세월속에서
춤을 출수 있게 해다오

연민은 사랑의 근원을 따라와서
정직한 숨을 쉬고
네가 나에게 올 때
내가 너에게 갈 때
행복한 슬픔을 연출할 수 있게 해다오

오랫동안 불러보지 못한 속성을 거느리고
나는 노래하고 싶습니다
풍속에 채인 무대에서
노래하고 싶습니다

참으로 오래 기억한 얼굴들
화려한 의상을 나부끼면서
그리움의 텃밭에 들어

춤을 추게 해다오

가시나무 연가

바람젖은 언덕에 가면
삭막의 가지를 흔들고
가시끝엔 파아란 줄기를 세워
파릇한 잎과
향기를 풀어내고 있다

우리들의 젊은 날 무엇을 부르면서
타오르고 있는지
우리들의 약속이 꿈으로 있을
무엇을 놓을 수 없는지
산마루 물줄기 젖은 계류쪽 비탈길은
무심으로 빛나고 있다

그리운 것
가지 돋은 가지에 파아란 빛살인가
버릴 수 없는
우리들의 꿈의 이랑인데
바람이 언덕에 오르면서
가시나무 가지를 흔들고 있다

단 한번의 노래

또 한 줄의 눈물을
만날 수 있다면
나는 그때,
처얼철
피를 토해도 좋다

누이의 손끝에 콧물이 배인 자리의
그 울음을 만날 수 있으면
나는 꼬옥 손을 잡고
그 손등을 어루만져 주고 싶다

길고 긴 우리와 우리들의 잠에서
깨어나서
찬란한 울음에 젖어도 좋은가

단 한 줄의 눈물을
그릴 수 있다면
나는 처얼철
피를 토해도 좋다

춤의 무대

나는 왜 물빛 비늘을 연모하는가
나는 왜 스치는 환상을 격멸하는가

꺼꾸로 꽂히는 빛깔기라 하더래도
현재로 아름다운 까닭에
나는 춤을 즐기고
나는 노래에 취하고
밤으로 밤으로만 타오르는
열애에 눈부시고 있다

눈과
마음과 같이
여행길에 나서면서
넉넉한 풍물을 울리고 싶고
풀밭을 휘감으면서
뒹굴기를 소원하는
무희의 춤을 선정하고 싶다

영롱한 것

찰랑거리면서 채색된
내 안쪽
무구한 빛깔기를 띄우면서
휘파람을 불어대고 싶다

사랑의 연주

삶이 그리운 날,
그날을 위해
나는 서둘러 노래한다
나는 서둘러서 춤을 춘다

청목이 늘쌍 얼려서
젊은 뒤안길에
꽃내음 풍겨 나고

한 시절
그리움으로 달음질 치면서
속박을 돋고
사랑을 하고

까마득 먼 시선으로 걸린
우리들 풍속을 울리게 하고
무던히 빛난 노래와
춤으로써
사랑을 열애하고 있다

이별 이후

조용히 짓눌린 까닭 때문에
한밤을 지새고 있습니다
금지된 삶의 축대 때문에
우울한 병 앓이를 하고 있습니다
허물고 싶어도 허물지 못한
고단한 풍속에 깔려
잠못이루고 있습니다

한 겨울 눈이 와서 하얗게
승천하는 까닭을 물으면서
옛날 아주 어린 시절의 꿈을
사모하는 자리에 두고
몇 번이고 몸부림치고 있습니다

혼자 앓고 있는 병을
누가 행복한 사랑이라 했습니까
빗줄기 사나운 광경을 보고
누가 비탄에 젖은 모습을
지켜줄 수 있다 했습니까

조용히 움직여 오는 통로에서
한번은 사랑을 포효하고 싶습니다

풍물 놀이

시골 마당에 들어 서서
풍물놀이 하자
사람이 그리운 날
사람을 부르기 위해서
한철 농사일 서둘러 놓고
풍년을 기리면서
우리들의 춤자릴 만들기로 하자

땀으로 흠뻑젖은 몸짓으로
아주 작은 인연까지 아끼면서
마당 한 가운데 나와
꽹가리 치고
징을 치고
북을 둥둥 울리어 대자

세상이 흠으로 남는 것
그것은 삶에 있어서 고통이지만
고통을 끓고 다니는 것
또한 사람의 행실이지만

아주 아름답게
아주 고운 풍물을 울리면서
오늘 하루 시골 마당을 훈훈하게 하자

강물의 반란

강이여
흐르거라
세월만큼 빠른 속도로
흐르게 하거라

노을이 비낀 자리에 서서
나는 얼굴을 내밀 것이지만
훌훌 벗어 던지고
물줄기 따라 흐르고 싶은데

강이여
흐르거라
바람이라도 따라 나설 터이니
흐르게 하거라

숙명을 거역할 수 없는 까닭에
우리는 눈을 감고
역사의 톱니를 구르고 있어야 하지만
그리하여 사뇌思惱가 굽이치도록

강이여
흐르거라
흐르게 하거라

고향이라는 것 · 6

고향에 가면
내 꿈의 흔적마저 묻혔는데
산골짝 까지 묻혀 버렸는데
기억마저 희미한 길 한모서리
외진 자리에
탱자나무 몇 그루 남아서
누구를 기다리는지
바람 젖은 채
옛날에 남긴 향기 뿌리고
어머니의 발소리 묻힌 거리가
마치 불을 밝히듯
소록이 돋아나면
나는 그 길섶을 서성이고 있다

어머니와 우리식구들과 같이 어울리던
빈 자리을 둘러보면
늦가을 나뭇잎이 벌겋게 타오르다
떨어져 구르고,
나는 아름드리 나무 등 뒤에 숨어 놀던

옛 기억을 더듬으며
한 두름씩 정을 띄워 뿌리면서
가고 싶은 곳
고향을 불어대고 있다

옥정호 주변에서

옥정호에 가면
고향 떠난 사람은 소식없고
낯선 사람이 물가에 서서
고향을 낚아 올리고 있다

산 비늘 지름길을 따라 나서면
코스모스며
구절초가 오솔길을 가꾸어 가고
옛날과 같은 사랑으로

사람을 불러 놓고
그 앞에 서서 향기마저 뿌리며

산 가득 꽃밭으로 돋아
한 세월 고운 날 부르면서
잃었던 전설을 풀어내고
옥정호 주변으로 스쳐가는 바람소리,
그 소리에 놀랜 새가
날갯짓하며 하늘을 돈다

강을 따르는 것

강이어서 가노라면
물길 따라 가듯
세월이 가서
물새는 제 홀로 울고 있다
바람은 무정한 날 부르면서
마른 꽃잎을 앞세워
시들한 춤으로 놀고
사람이 사람과 놀고
외로운 처지를 이르고 있다

물은 어디로 흘러갈까
아무런 조건없이
흐르면서
사람의 가는 길을 이르고
서러운 날이 와서 요동치면
물은 노여움으로
파도치고 있다

앵두 익는 날

내 살던 집
뒷뜰

그 언덕에는
어린 아이의 볼같이 고운
앵두가 익고

봄풀이 언덕을 둘러
오순도손
정으로 놀면
벌 나비 날아와 동무하잔다

내 살던 집
뒷뜰
장독 사이로 봄바람 일면
내가 그리던 사람
기억해 놓고
정을 담아 사랑을 부르란다

바람 부는 날의 오후

후조가 날고 있니라
저문날의 햇살이 물고동치고
은편이 버둥거리는
수평선 끝없는 노상에서
끼웃끼웃
물새가 울고 가니라
고향을 잃고
고향 떠나는 새의 정을 그리면서
허공 잡고 나르다가
후조가 다시 물가에 앉아
사람이 사람을 그리워 시름 짓듯이
물비늘 털어 내며
빈 하늘을 우러러 후조가 우니라

바람이 물가를 떠돌다
새의 날갯짓 사이에서 소리 내고
세월 밀린 빈자리
무심을 흐르는 물가에
물새와 같이

물비늘과 같이
바람은 사자의 포효처럼 소리 낸다

군산 어시장

물고기의 비늘이 한 세월을 키우면서
어시장 입구에는 바닷물 넘쳐 나는
물결을 키우는 동안 갈매기의 울음소리를
들을 수 있다
옛날 째보선창이던 이 시장 어구에
억겁의 세월이 묻어 골목길을 누비고
바람은 물기밴 짠 내음 섞여 어시장
장터를 쓸어대고 있다
어느 상인의 목청이 강물의 물줄기 따라
튕기고 시장 어귀를 어슬렁거리는
사람들은 가난을 끄시고
가난의 시름을 나르기도 하고
저만큼 불빛사이로 걸려있는
아이들의 놀이로 흥얼거리는
어시장 입구에 바닷물 묻어난
바람이 고샷길을 쓸어가고 있다
가난이 겨운 자리에 고달픈 건
노래로 걸어 울리고 손에 손
맞잡혀 꾸러미로 매달린 어시장의

풍광이 물길 따라 돌아서 사람과
사람 앞에서 공중을 회전하며
물새가 끼욱끼욱 울고 있다

당신이 있어 행복합니다

아름다운 이름으로
일상을 새롭고
정결케 하시는
당신이 있어 행복합니다

사는게 힘이 들어
실의에 차 있을때도
늘 함께 하여 주시는
당신이 있어 행복합니다

까닭없이 서글프고
외로워 질때도
햇살처럼 찾아와
꿈을 주시는
당신이 있어 행복합니다

무심히 흐르는 세월도
서럽지 않습니다
아름다운 당신이 있기에 행복합니다

서울 야경

네온 걸친 거리를 간다
청계천 물소리 불꽃에 젖고
물고기 떼지어 놀고 있는
우리들 고향의 길을 걸으면
밤 풍경 제 홀로 길을 메운다

아이들의 놀이터가 되어버린
이 광장에
밤은 황홀하여
사람들은 그 빛살에 취해 놀고
물소리 유장에 찬
서울의 거리
그 외곽에서 내 유년이 논다

바람 잦아 있는 물가에서
물그림자 나르는
네온의 밤,
네온 빛 무더기가 돌다리 건너
물고기 수영하는 자리에 묻힌다

물레야 돌아라

물레야 돌아라
세월 엮어 간 지난날 두고
산비탈 오솔길의
정든 숨결을 엮어
물레야
네 홀로 목마처럼 돌아나거라

바람은 언제나 역류해 가고
사랑은 폐허의 땅을 남기면서
고단한 삶을 가꾸어 가는 것

계절이 급류에 타 내리듯이
씻긴 상흔에 덧나
안쓰러운 맘자리 놓고
물레야 돌아라
흰 물살 가로 지르며
목마름으로
물레야 돌아라
목마처럼 흐느끼며 돌아 나거라

호박꽃밭 풍경

벌 한 마리가 호박꽃에 앉아
꽃술을 헤집으면서
어머니의 품안처럼 다정한 몸짓을 하고 있다
꽃술은 바람이 흔들어 댈 때마다
벌은 온 몸에 노오란 풍장을 걸고
바람따라 어디론가 날아가고
이른 가을 뜰을 비집고 드는
밭모리
호박꽃밭 가장 자리에서
고추잠자리 춤을 추고
나비는 가만히 호박덩쿨에 앉아
사념에 취해 있다
나비 날개 딛고 앉아
깊이 취하는 명상
호박꽃 밭이랑에
사랑은 비로소 타오르고 있다

눈물의 강

강은
언제나 흐르고 있는 것

길을 잃고
허공 짚고 날으는 새를 보면서
눈물 마를 날 없듯이
강은 언제나 흐르듯이
내 눈물은 흐르고 있는 것

모래사장 패인
힘의 무게 만큼
눈물을 흘러서
처얼철
넘쳐나고

강은 흐르고 있다
언제나 눈물은 마를 날 없어
강물 흐르듯
흐르고 있다

강은 언제나 흐르고 있다
멈출 줄 모르고
흐르고 있다

묶음 넷

차단된 바다

차단된 바다 · 1

바닷물
세월의 거래를 마친지 오래다
바닷물과 결별한 갯벌이
외로운 까닭에
갈대와
억새와
잔디와
나무재에 걸린 먼지와 더불어
물새는 간혹 찾아 주고
이 차단된 바다,
바다를 떠날 수 없어
마른 풀밭에 둥지를 틀고
전설을 부르다가
울고 떠나고 있다

흔적을 지우는 게 바람이던가
풍물처럼 울려퍼지는 것
부르는
무심한 세월이던가

바닷물
바다를 잃은 뒤부터
잡풀만 무성하게 키를 키우고 있다

차단된 바다 · 2

세월은 얼마쯤 가야
흔적마저 지우게 되나
옛날 우리 곁에 놀아댄
바람 경관,
나부끼면서
그 짭짤한 내음마저 걷어갈 것인가

바람은 흔적마저 묻은 자리에서
제 홀로 운다
한 두름의 한숨마저 뿌리면서
비옥한 삶마저 걷어 가고 있다
마른 땅
하이얀 물끼가 굳어
하얀 소금 저리고
소금끼마저 쪼아대면서
물새는 마지막 자리마저 내어주고
끝내 울고 간다

차단된 바다 · 3

한 겨울
눈은 내리고는
억새밭에 앉아 매몰된 바다를
잊고 있다
마른 잔디는 갯벌을 덮고
황폐한 자리를 다스리는데
분주한 자세로 있다

끝없는 땅,
땅끝을 찾아가도 맞닿지 않는
바다는
끝이 없다
바닷물이 마르고
갯벌의 상실의 세월에 묻히고
곳곳마다 문명의 기계톱날이
지나간 자리에
태산같이 높은 층계에 올라서면
마지막 바다를 지키는 바람이
솟구쳐 오르다

추락하면서
함성을 높이는 동안
눈은 천지를 차단하면서
백야의 성전을 세우고 있다

사랑 · 1

사랑은 만드는 것이 아니라
만들어진
빛의 조각이다

사랑은 꽃밭이다
쏟아 부어야 하고
부끄러움을 배울줄 알아야 하는 것

사랑은 영롱할 뿐만 아니라
영혼의 떨림으로
사무쳐 하고
정념을 태워야 하고
몽롱한 꿈을 꿀줄 알아야 하는 것이다

사랑은 확신이 차오를 때 빛나는 것
사랑은 경건한 몸짓이 아니라
순종의 눈빛으로 타오르는 것이다

사랑 · 2

번뇌입니다
갈망하면서 그리움 두고 있지만
끝내 보내야 하는
이별입니다

눈이 시려울 때
그때
사랑은 빛날 것이고
이별을 생각할 때
그리움을 오래 묻어두는 것입니다

시름을 걸어서
발처럼 짜 늘이고
나는 조용히 이별의 연습을 하고 있습니다

내 어머니가 세월의 끝에서
그러했듯이
내가 그리는 것
간곡한 사랑에 통증을 앓고 있습니다

사랑 · 3

단 한번의 말씀으로
말씀으로도 타오르는 것
사랑입니다

봄의 이랑에 돋은 수달래가
인왕산 자락, 깊은 골짜기마다
타오르는 것
그것은 사랑의 예견입니다

빛이 고운 애정을 밀고 끌고
물은 흘러
도랑마다 사랑이 있어
사랑이 넘쳐 황홀하고

물가에 노는 바람으로도 알리기
충분한
사랑의 이야기,
그것은 사랑의 이야기가 피운
하나의 동화입니다

잃어버린 유산

저만큼
가고 있는데
끝내는 돌아보지 않고
그는 가고 없습니다

사무침이 하도 커 있어서
회한을 하얗게
겨울 서리처럼 돋는데
사랑은 멀리 가 있어서
나는 바벨탑의 꼭지점
그 청탑 모서리의 높이에서
속정이 무엇인가 보고 싶습니다

사모곡이라 해도 좋고
삶의 찌꺼기가 배인
그리움의 텃밭이여도 좋고
모두 떠난 빈 자리에 서서
가고 있거나
가버린 사랑을 외워가면서

숙명의 또랑에서
옛 일들을 건져내고 싶습니다

비 오는 날에는

비 오는 날이면
내 질컥거리는 마음을 끄집어내어
깊이 명상해 볼 일이다

오래 물기배인 자리가 비탄에 젖어
떨어 대는 것인지
환희로서 나부끼는 사랑을
문풍지 바르듯 발라 놓고
묵시록을 기록하는 것인지 물어 볼 일이다

정자목 둘레 무수한 잎들이
빗물에 젖어
금단의 세월에 묶이고
고샅길 돌아
빗줄기를 따라 나서고

비오는 날이면
내 마음 하도 심난해서
꾸러미진 생각을 명상으로 띄우고

한번은 빗소리보다 더 많이
소리 내고 싶어 볼 일이다

겨울 바다의 풍물

물은
머물 수 없다고 폭음하면서
노 저어 가고
바람은 하늬쪽 바람과 같이
뱃판에 앉아
물깃의 풍물을 세워 울리고 있다

물은 본래 사람의 흐느끼는 동작과
슬픈 표정과 맞닿아 있을 때
제 몸짓으로 빛나는데
바람의 덫에 걸려 펼 때
풍물은 오랜 날의 흔적을 추스리는 것이다

수평선 멀고 먼 수로에서
물은 거품을 쏟고는
뱃고동이 울리는 뱃전에 앉아
우는 새의 동작을 보면
바람은 물가에서 노 젖고
있을 것이다

고산의 가을

빈 터 밭두렁엔가
주인마저 발길 멈추었는데
메마른 감나무에
감은 주저리 매달려
주인 부르다 바람 젖어 떤다

어느 시절인가 가꾸었던
정이 사슬에 묶인 채
빈 뜨락을 돌아 대고
뭇 사람 발끝에 짓밟힌 풀잎이
시들한 채
그리움에 묻혀 떨고 있다

누가 이 무량으로 솟구치는
비밀의 이야길 들을 것인가
다스릴 것인가

저 멀리엔가
댓바람 소리 풍경소리 내고

마른 가지 끝에 매달린 감이
외로운 뜰을 지키고 있다

겨울의 산가

저만큼에 묻혔다가
소리쳐
흐느끼는 자리

물레가 돌아가듯
그리움
묻어난 자리

아픈 것
꿈이거니 슬픈 이력이거니

바람도 시샘을 얹어
내 앞길 막아선다
밤별도
사랑에 매달려
내 길을 막아선다

은적사 풍경

경내에 이르려면
스님 큰 기침으로 받을 것 같이
다소곳 고개 숙이면
얼마나 많은 날 지냈는가
그 스님 보이지 않고
풍경은 처마끝에서 홀로 울더라

오솔길 접어들면
내 유년을 보낸 도토리가 구를 것 같아
나뭇잎 헤치면
도토리나 상수리는 구르지 않고
내 삶의 흔적을
하얀 눈이 덮고 있더라

이런 날이면
차 한잔이 그리울 것 같아
경내를 서성이다가
산비탈 구르는 낙엽을 본다
여기서 삶의 무심을 본다

굽이쳐 바람이 흩날리고
경내의 풍경은
바람의 뒤란에서 울고 있는지
오래인 것 같다

모산 시비공원

삶이 체취 하나 묶어
세운 자리
한 세대마다
그 기류 어리게 묻었나

민족의 수난을 엮고
삶의 갈등을 엮고
역사의 흔적을 좇고

끝내는 한 방울 눈물을 걸어
돌 하나에 생을 묻고
굳이 삶을 노래하니
나 여기서서
그 숨결
그 노래 가즈런히 부르고 싶다

명륜동의 밤

나는 명륜동을 걷고 있다
뉘엿뉘엿 저물어 간 날의
이야기를 끄시면서
동화적 사랑을 골목길에 서서
찾고 있다

얼마나 많은 날이 회오리치면서
밤별을 그리듯이
사모한 날을 불렀던가

명륜동 한 복판에 서서
문패없는 집을 찾아 헤매이고
빈 뜨락 무심으로 젖은
사랑을 부르고 있다

옛날에 일러주었던 이야기 부르면
골목길 담모서리 비탈진 자리에
풀잎 시들한 채
외로운 길을 닦고 있다

망해사 유감

망해사 언덕에 오를 때부터
바닷물은 물가를 떠돌면서
물의 파도와 같이
삶의 이랑을 엮어가고

망해사 뜨락
세월의 길 이르는 정자목 그늘에서
쉬어 있다가
인동의 아픔도 달래어 주고

사람들 제 길로 떠나면
그 길가를 인도하는 풍경소리
유장의 삶을 일러주고

저만큼 물이 바다를 감아 놓고
철렁거리는 자리에서
나는 억겁에 짓눌린 게 무언가
다소곳 숨죽이고 있다

망해사 언덕에 오를 때부터
앞에 나서
길을 인도한 지 오래인 것 같다

덕수궁 돌담길 · 1

돌담 너머로 마른 가지 하나가
지나간 날을 부르면
한겨울의 하늘을 떠돌다가
흰 눈은 내리고 쌓여
꿈도
사랑도 묻어가고 있다

오늘 따라 어스름 길
낯선 거리에서
정이 그리워 사랑을 부르고
돌담 길
마른 가지 하나씩
제 설움에 겨워 떨고 있다

얼마쯤 밀리어 버린 세월이 있어
사랑을 멀리 떠나 갔는가
밤은 깊어 있는가

돌담 너머로

우리가 부르고 있는 사랑은 가고
사랑은
밤으로만 타오르고 있다

덕수궁 돌담길 · 2

언제였던가
이 길을 걸어가면
담으로 기어오른 넝쿨나무
야들한 꿈을 엮고

고샅길 지나다가 낯선 사람을 만나게 되면
부끄러운 얼굴을 숨기었던 자리
덕수궁 돌담길을 간다
옛날의 길을 간다

나무등걸에 달라붙은 겨울은
신화처럼
흰 눈빛에 젖어 꿈을 꾸고
동화같은 이야기를 줍고자 하는
나의 의식의 갈기는
왜 겨울처럼 떨어 대는가

그러했던가
사랑이 부끄러운 얼굴을 한

나의 사랑이
덕수궁 돌담길을 돌아가고 있다

겨울 수채화 · 1

겨울 초가의 문전에 들면
장독엔 설화가 꿈으로부터
꽃을 피우고

겨울 초가의 문전에 들면
지붕 끝자락에
다복다복
흰 눈은 내리고 쌓여
공마당 춤꾼의 아스라한 줄타기처럼
금시 매달린 끈은 놓을 것 같고

겨울 초가의 문전에 들면
마당 모퉁이에
조금 빈 공간 놓고
거기에 양지를 모아놓는다

겨울 초가의 문전에 들면
그 양지에 꿈은 익어 있을까
흰 눈 자분자분 밟고 간다

겨울 수채화 · 2

나의 옛집 탱자나무 울타리엔
동화 섞인 이야기가 걸려 놀고
하이얀 눈발이라도 맞으면
참새떼 불러 들여
잃어버린 노래로 흥을 엮고

눈은
난설설인데
눈꽃 핀 가지에 풍광으로 찌든
세월을 걸치면
아득한 날
전설은 꽃보다 곱게 서러워 운다

세월은 가고
나의 옛집 문턱에서 바라보면
탱자나무 울타리에 남아있는
그리움이 겨울 풍경화속에 묻혀
시샘의 날을 부르고 있다

기도

가즈런히 두손 모아
드리는 기도입니다

중심의 생각들
모아
파도를 타며

순백의 비단결 위로
고이새긴
그 이름

고요히 부르는 노래
향기로 돋우면

실처럼 고운 숨결로
마음을 담아 영글거니

해맑은 영혼의 기도
삶의 빛으로 남으리

| 작품해설 |

생태시의 세계를 지향하는 小香詩

- 이경자 시집 『금강 아리랑』을 읽고

이수화 | 시인 · 문학평론가 · 국제펜클럽 한국본부 부이사장

| 작품해설 |

생태시의 세계를 지향하는 小香詩

- 이경자 시집 『금강 아리랑』을 읽고

이수화 | 시인 · 문학평론가 · 국제펜클럽 한국본부 부이사장

1.

소향시(小香은 이경자 시인의 아호, 小香詩는 이경자 시인의 詩)는 에코토피아(Ecotopia · 생태낙원生態樂園)를 노래하고 있다. 에코토피아(생태낙원)란 유토피아가 인간의 풍요로운 삶(낙원의 삶)을 위해 자연 생태계에 대한 마구잡이식 개발과 이용을 가속화하여 오로지 인간만의 행복과 풍요를 실현하는 세계라면, 에코토피아는 자연 생태계도 살리자는 정신에 기반한 세계이다. 小香詩가 이 에코토피아 포에지(시정신詩精神)에 기반해 있다는 사실부터 접근해 본다. 이른바 생태시生態詩의 세계를 지향하는 小香詩의 시세계다. 가령,

무심초가 물에 젖어
목욕을 하고 있다.

사람의 몸에 때가 묻어
시대에 젖고
오류의 세상이 무심하여
무명초가 물에 젖다
끝내 목욕을 한다

천년 세월을 굴린 돌멩이가
물에 젖어 신음하고
갈바람이 나뭇잎 흔들어 온
뜰 한가운데를 바라보면서
무량으로 하늘을 우러러
그리워 하면서
무심초가 개울가에서 목욕을 하고 있다

-「강천사 냇가」 전문

- 라는 '강천사 냇가' 에서 '무심초' 가 목욕을 한다는 사실은 무엇을 말해 주는가. 두말할 것도 없이 '무심초(無心草=無名草=중생)' 가 강천사(=절집) 냇가에서 때 묻은 세상 때를, 그것도 천년 세월 청정하던 돌멩이조차 오염되어(시적 상상력) 신음하고(예시 3연) 무심초가 냇가에서 몸을 씻는다는 사실은 이 잘 조직된 한 편의 서술적 서정시(Narrative Poem)로서 거의 완벽하게 형상화되어 있다. 이 텍스트의 저변을 흐르는 종교적 정화의식淨化儀式은 물론 강천사 냇물이 아직 종교적으로나 실

제 냇물로서나 오염되지 않은 상태임을 전제하고서일 터이다. 이와같은 小香詩의 에코토피아 지향성의 생태시가 특히 그 표상기법에서 서술적 서정시(이후 약술어인 '敍述詩' 라 표기함)의 뛰어난 솜씨를 구사하고 있음을 주목코자하는 것이 이 평설글의 목표이기도 하다. 먼저 그 대표적 텍스트를 보면,

물고기의 비늘이 한 세월을 키우면서
어시장 입구에는 바닷물 넘쳐나는
물결을 키우는 동안 갈매기의 울음소리를 들을 수 있다.
옛날 째보선창이던 이 시장 어구에
억겹의 세월이 묻어 골목길을 누비고
바람은 물기밴 짠 내음 섞여 어시장
장터를 쓸어대고 있다
어느 상인의 목청이 강물의 물줄기 따라
튕기고 시장 어귀를 어슬렁거리는
사람들은 가난을 끄시고
가난의 시름을 나르기도 하고
저만큼 불빛사이로 걸려있는
아이들의 놀이로 흥얼거리는
어시장 입구에 바닷물 묻어난
바람이 고샅길을 쓸어가고 있다
가난이 겨운 자리에 고달픈 건
노래로 걸어 울리고 손에 손
맞잡혀 꾸러미로 매달린 어시장의
풍광이 물길 따라 돌아서 사람과
사람 앞에서 공중을 회전하며

물새가 끼욱끼욱 울고 있다

-「군산 어시장」 전문

-는, 이 텍스트(例詩)에 보이는 어시장은 옛날 째보선창이던 시절과 다름없는 가난한 항구다. 세계 10위 경제대국에 접어든 나라 항구가 이 텍스트 시적 주체의 눈에는 물새(갈매기)가 끼룩대는 것이 가난에 겨워 노래부르는 어시장 사람들 같다. 한국 리얼리즘 시사상詩史上 명편인 신경림의 「農舞농무」[1]에 맥이 닿는 내러티브 포임(Narrative Poem)을 성취하고 있는 것이다. 서술시敍述詩 「농무」가 1970년대 초반의 궁핍한 농촌현실과 붕괴되어가는 농촌공동체의 이야기를 바로 농민의 시각에서 전해주는 서술시 텍스트의 전형이라면 小香詩 「군산 어시장」은 오늘의(이 시집 『금강 아리랑』 상재) 시점에서 전해주는 어시장의 아직도 가난한 어민의 피폐상일 터이다. 그렇다면 그 원인은 어디에 있는가. 시 「농무」의 궁핍상이 1970년대 정치상황 탓이었다면 예시 「군산 어시

---

1) 신경림 시 「農舞농무」 "징이 울린다 막이 내렸다/ 오동나무에 전등이 매어달린 가설 무대/ 구경꾼이 돌아가고 난 텅빈 운동장/ 우리는 분이 얼룩진 얼굴로/ 학교 앞 소줏집에 몰려 술을 마신다/ 답답하고 고달프게 사는 것이 원통하다/ 꽹과리를 앞장세워 장거리로 나서면/ 따라 붙어 악을 쓰는 건 쪼무라기들 뿐/ 처녀애들은 기름집 담벽에 붙어서서/ 철없이 킬킬대는 구나/ 보름달은 밝아 어떤 녀석은/ 꺽정이처럼 울부짖고 또 어떤 녀석은/ 서림이처럼 해해대지만 이까짓/ 산구석에 처박혀 발버둥친들 무엇하랴/ 비료값도 안나오는 농사 따위야/ 아예 여편네에게나 맡겨두고/ 쇠전을 거쳐 도수장 앞에 와 돌 때/ 우리는 점점 신명이 난다/ 한 다리를 들고 날나리를 불거나/ 고갯짓을 하고 어깨를 흔들꺼나(창작과 비평사, 1975.)

장」의 그것은 무슨 탓인가. 예시 도입부 4행에 그 알듯 모를듯한 생태파괴적 원인이 암시되어 있는 것이다. 그 '바닷물 넘쳐나는 어시장 입구' 라는 환경 생태 붕괴상은 小香詩가 지향하는 에코토피아(생태시) 시정신의 원인이 되고 있는 것이다. 생태 파괴에 대한 이와 같은 인식은 시에 대한 小香(이경자)의 어프로치를 드러내주며, 또한 (우리의) 삶에 대한 그의 인생관에 다름 아니다. 그가 시를 쓴다는 것은 에코토피아를 추구하는 것이며, 생태파괴가 자행되면 자행될수록 그가 에코토피아 지향의 시를 써야한다는 것이 小香詩의 시적 인식이다. 이런 점에서 小香詩의 에코토피아 지향성은 아름답다. 그리고,

은사시목은
바람이 키우고 있다
고향의 언덕을 칭칭 감아 조이면서
꿈을 키우기도 한다

온 몸을 감아 조이는 바람이
산빛을 털어
채색의 사랑을 가꾸기도 한다

사무치는 것
잔잔한 시샘이 걸려
별빛에도 젖어 외로워 하는 것
은사시목은
피리소리를 엮어내면서

빛나기도 한다

-「은사시목 소묘」 전문

- 에서처럼 애오라지 "사무치는 것/ 잔잔한 시샘"쯤은 극복한 아름다운 피리소리는 고향 언덕에 존재하게 되는 것이다. 이처럼 小香詩의 에코토피아 지향의 서술시는 생태시가 표방하는 주제 유형 중에서 자연과 인간의 불화不和를 증언해줌으로써 자연에 대한 낙관론을 비판적으로 성찰케 하는 대신 잃어버린 자연의 아름다움을 예찬하는 것을 바탕으로 오염 · 파괴된 자연 생태의 회복의지를 촉구하는 것이다. 이러한 자연미自然美의 예찬(시적 표상)으로써 호소하는 시적 지향성은 小香詩의 가장 본질적인 서술시의 성향을 드러낸다. 이제 그 세부를 좀 더 면밀하게 점검키로 하겠다.

2.

이번에 상재되는 小香 이경자 제6시집 『금강 아리랑』(2008, 5, 도서출판 들꽃 刊)에서는 총 90편의 비교적 호흡이 긴 역작 시편들이 수록되는데, 제1부 〈신성리 갈대밭〉에 대작 「금강 아리랑」·「강천사 냇가」 등 25편이, 제2부 〈세월〉에 「은사시목 소묘」 등 25편, 제3부 〈단 한번의 노래〉에 「호박꽃 풍경」 등 20편, 제4부 〈차단된 바다

〉에 「차단된 바다」·「모산 시비공원」 등 90편이 편성된다. 특히 小香詩의 에코토피아 지향성은 거듭 말해 그의 내러티브 포임 형식에 잘 맞아떨어지는 특성을 살려 역작군力作群을 일일이 거론치 못하는 평설자의 아쉬움이 있기도 한 것이다. 우선 그 대표적 텍스트에 접근해 본다.

성산 고봉 공원 넘어서 가자
재 넘어 가자
산태나무 열진 산골짝,
산 돌아
다리실 골짜기 지나서 가자
깨죽나무 동네 어귀를 쓸고
댓잎 소리
산타령으로 키우는
금강 하구뚝 따라 가자
금강물 넘실넘실
춤으로 돋은
금강 아리랑

서천의 뚝 따라 신성리 갈밭
물따라
세월따라
꿈따라 가면
군산선창 둘러 온 째보선창
자분 자분 소리 듣는가

월명산 산자락에 달빛걸어

산울림 울고
이른 봄 동백꽃 지피고
늦봄 지나면서 아카시아 꽃지펴
잡목림 묻어난 푸른 산타령
걸어메고
금강을 넘나드는 곳

하얀 눈발 서리서리 얽혀오면
천지간 정을 부르고
정을 걸어 울리면
동화로 피운 꽃가지 전설에 걸고
금강을 넘나드는
금강 아리랑

강이 간다
서해 강물이 숨 쉬어 간다
산타령 들으면서
강이 간다
물따라 세월이 간다
금강 아리랑.

-「금강 아리랑」 전문

평균 5~6행씩 전체 6개 연으로 구성된 장시름의 예시명例示名「금강 아리랑」은 이 시집 메타 텍스트로 앞세워졌으리만치 수록 시편군群의 대표작이다. 주제는 두말할 바도 없이, 에코토피아(생태낙원) 실현의 현실 기반으로써 손색없는 '금강'의 생태 환경에 대한 예찬이다.

금강 물길이 거쳐 흐르는 지형적 리얼리티에 기반한 서술시의 내용(이야기)이 자유시다운 운율까지 살려 독특한 산문시형의, 리듬감을 성취하고 있다. '금강 아리랑' 이란 후렴행이나 '금강' 이란 시니피앵 기표記表의 중첩 표기 같은 발음상의 해조諧調의 조성 솜씨는 小香詩作의 특성이 어디에 잇는가를 잘 반영하는 예일터이다. 더불어 장시의 동아시아적 기승전결 구성 작업도 뛰어난 텍스트가 이 「금강 아리랑」이 아닌가 한다. 이와같은 小香詩의 때묻지(오염되지) 않은 자연 생태 예찬시는 그의 서술시 기법 특성에 힘입어 자연과 인간의 상호 의존성이 실현되는 새로운 대체사회, 즉 에코토피아(Ecotopia·생태낙원)의 구현을 원망願望하는 주제를 잘 암시하고 있는 것이다. 이제 그 다양한 바라이에티를 살펴 본다. 연두聯頭에 숫자는 평설용 표지標識다.

①
벌 한 마리가 호박꽃에 앉아
꽃술을 헤집으면서
어머니의 품안처럼 다정한 몸짓을 하고 있다
꽃술은 바람이 흔들어 댈 때마다
벌은 온 몸에 노오란 풍장을 걸고
바람따라 어디론가 날아가고
이른 가을 뜰을 비집고 드는
발모리
호박꽃밭 가장자리에서

고추잠자리 춤을 추고
나비는 가만히 호박덩쿨에 앉아
사념에 취해 있다
나비 날개 딛고 앉아
깊히 취하는 명상
호박꽃 밭이랑에
사랑은 비로소 타오르고 있다

②
바닷물
세월의 거래를 마친지 오래다
바닷물과 결별한 갯벌이
외로운 까닭에
갈대와
억새와
잔디와
나무재에 걸린 먼지와 더불어
물새는 간혹 찾아 주고
이 차단된 바다,
바다를 떠날 수 없어
마른 돌밭에 둥지를 틀고
전설을 부르다가
울고 떠나고 있다

흔적을 지우는 게 바람이던가
풍물처럼 울려 퍼지는 것
부르는
무심한 세월이던가

바닷물

바다를 잃은 뒤부터
잡풀만 무성하게 키를 키우고 있다

위에서 ①은 「호박꽃밭 풍경」이고 ②는 「차단된 바다 · 1」의 전문들이다. ①이 小香詩 에코토피아(생태낙원) 지향의 전형적인 내러티브 포임이라면 ② 또한 마찬가지인데 두 텍스트에는 분명한 변별성이 개재한다. ①과 ②의 주제 유형상의 변별점이 그것이다. ①은 상실돼 가는 전원 공간의 에코(생태낙원)를 애틋하리만치 다감하게 노래하고 잇음에 비추어 ②는 이미 오손된 바다로부터 물새가 떠나고 있음을 고발하고 있다는 점의 차이가 있는 것이다. 이와같은 다양한 생태시의 주제에 나타나는 공통점은 시인의 자연인식이 현실의 밑바탕에서 출발하고 있으며, 자연과 인간의 관계에 대한 시인의 성찰도 현실 상황을 벗어나지 않고 있다는 점이 중요하다. 바로 이 점에서 小香詩의 에코토피아 서술시는 리얼리즘 양식에 부합되는 詩장르임에 분명한 것이다. 다음으로는 小香詩의 에코토피아 지향의 포에지가 그의 고향의식에 기반하고 있는 텍스트군群의 점검이다. 가령,

①
내 살던 집
뒷뜰

그 언덕에는
어린 아이의 볼같이 고운
앵두가 익고

봄 풀이 언덕을 둘러
오손도손
정으로 놀면
벌 나비 날아와 동무하잔다

내 살던 집
뒷뜰
장독 사이로 봄바람 일면
내가 그리던 사람
기억해 놓고
정을 담아 사랑을 부르란다

②
신성리 갈대밭에 가면
몰려온 바람이
우리들 앞에 와 서성이면서
내 마음을 알고
울고 있다

정이 사무친 것,
끄시면서
바람은 샛길을 누비고
갈숲이 숨어 크는 들국화는
그 소리를 듣고 있다

어느 골목에 이르면

내 삶의 연치를 꽂은 억새 꽃
하얀 머리채처럼
내 곁을 맴돌고
세월처럼 무심한 뜻을 헤아리면

강물 한 두름씩 바람 젖어서
은무리져 내리고 있다
화려한 동물처럼 울려댄
옛날을 부르면서
때로는 서러운 까닭을 알고 물은 출렁인다

-에 보이는 에시 ①「앵두 익는 날」과 ②「신성리 갈대밭 · 1」은 전통 서정시로 보아 틀림이 없다. ①의 자연 정취는 시어들의 미학적 운용으로 매우 아름답고, ②는 갈대가 울고 들국화가 그것을 듣는 자연 메타퍼를 통해 시적 주체의 정서를 잘 암시하고 있다. 이처럼 ①과 ②는 각기 상반된 리리시즘을 통해 小香詩의 에코토피아 포에지를 형상화하고 있는데 그 서술시 양식에서 서정시의 주제의식을 완전히 벗어나 있는 것이다. 생태시와 전통 서정시와의 구별은 이렇게 그 주제의식에서 뚜렷이 구별된다. 전통 서정시는 마냥 시적 주체와 자연 생태의 동일성을 지향하지만 생태시는 시어 선택, 메타퍼, 상징, 알레고리, 리듬, 운율 등 언술방식의 혁신을 통해 생태오염 등의 환경파괴상을 고발하거나 상실된 자연미의 예찬을 통해 에코토피아 의식을 고양하는 것이다. 예

시 ①이 예찬력이고 ②가 고발형일 터이다. 小香詩의 생태시에서 자연파괴와 환경오염의 실상이 좀 더 객관적으로 실증되고 있는 텍스트를 보자면,

①
섬 하나가 물 위에 떠 간다
섬 하나가
어디로 갈까 걱정하면서
물새가 울고 있다

하늬쪽 바람
물살처럼
흰 눈처럼 하얗게 베이고

동백꽃잎
섬 하나가 물 위에서 떠 갈 때
사랑에 울고

섬 하나가
어디로 갈까 걱정하면서
사랑이 아파
물새가 울고 있다

②
언덕 위로
무성한 풀밭,
풀밭이 길을 가꾸고
언덕배기 개울물
물소리 처얼철 넘쳐난다

여기가 사랑의 자리
박동이 넘쳐나니

청춘의 노래가 잇다
힘이요
삶의 빛이 있다
끝없이 지피는 메아리가 있다

길 언덕에 서서
무성한 풀밭에 서서
개울물 넘쳐나는
힘의 요람을 본다

- 에서 보이듯 ①「동백정」에서는 물위에 떠가는 섬이 어디로 갈까 걱정해 우는 물새를 통해 시적 주체는 섬과 물새의 가사假死 상태를 거의 직접화법으로 독자에게 들려준다. 이처럼 자연이 겪고있는 고통과 폐해를 미학적 장치나 수사적(레토릭) 장치에 의존하지 않고 생태환경의 오염실태나 훼손상태를 적나라하게 보여준다는 것은 독자로 하여금 그와같은 증언을 통해 에코토피아 세계로의 지향감을 공고히 간직토록 하기 위함인 것이다.

생태시인 小香 이경자의 궁극적인 지향점은 자연과 인간의 공생공존과 상호의존이 실현되는 세계, 즉 거듭 말해 에코토피아(Ecotopia)이다. 에코토피아는 유토피아와는 다른 세계이다. 유토피아란 인간만의 윤택한 삶을 위해 자연에 대한 이용과 개발을 가속화하여 오로지 인간들의 행복과 풍요를 실현하는 세계이다. 이같은 인간중심주의가 그동안 빚어낸 자연파괴는 이제 지구환난의 경지에 이르렀다. 이를 에코토피아 정신의 힘으로 극복할 수 있음을 노래하고 있는 시가 예시 ②인 것이다. 혹자는 이 시를 곡해하여 전통적 서정시나 낭만주의시로 볼 수도 있겠으나 小香생태시 ②는 동시대의 자연을 파괴상태로 이끌어가는 사회적 원인들에 대해 적극적으로 저항해서 (1연 5~6행) 이를 개혁해야만 에코토피아를 구현할 수 있음을 노래하고(2~3연) 있는 것이다. 이제 小香 이경자 에코토피아 포에지가 결코 전원 자연생태에만 쏠려있는 시적 퍼스팩티브의 협소성 늪에 빠져있지 않다는 도시 제재의 텍스트를 집중해 보면서 척박하게나마 살펴온 이 평설글을 가름코자 한다.

①
네온 걸친 거리를 간다
청계천 물소리 불꽃에 젖고
물고기 떼지어 놀고 있는
우리들 고향의 길을 걸으면
밤 풍경 제 홀로 길을 메운다

아이들의 놀이터가 되어버린
이 광장에
밤은 황홀하여

사람들은 그 빛살에 취해 놀고
물소리 유장에 찬
서울의 거리
그 외곽에서 내 유년이 논다

바람 잦아 있는 물가에서
물그림자 나르는
네온의 밤,
네온 빛 무더기가 돌다리 건너
물고기 수영하는 자리에 무딘다

- 「서울 야경」 전문

②
한강은 거대한 하수구이다.
저 팔당 아래에서부터
저 아래 성산다리 행주다리까지는
드넓은 쓰레기의 강이다

- 고형렬의 「한강 下水」 부분.

小香詩의 ①은 ②처럼 되지말자고 에코토피아 포에지를 형상화한 것이다. 결코 관념으로 말하지 않고 사회적 현실「서울 청계천 야경」과의 연관 속에서 자연성을 직시하며, 시적주체의 주관적 시각이 아닌 공동체의 객관적 시각(2연)으로 자연의 질적質的 실존을 진단해내고 있는 것이다. 小香 이경자詩의 90편에 이르는 에코토피아 포에지 형상화 솜씨는 이제 이 시집 『금강 아리랑』에 매우 규제된 언술방식의 내러티브 포임(敍述詩) 형식으로 형상화되었음을 살펴왔다. 모쪼록 이 귀중한 제6시집에 버금가는 차기 시집의 상재가 있기까지도 부단한 정진으로 또한 값진 시의 길에 임하리라는 믿음과 함께 광휘로운 이번 시집의 출간을 경하해 마지 않으면서 연필을 놓을까 한다.

2008. 5. 삼개나루 樹堂軒에서

小香 **이 경 자**

전라북도 군산 출생
1996년 〈문예연구〉 신인상으로 등단
2005년 〈한국시〉 시조등단
시집
『사랑의 빛』
『사랑의 이름으로 부르는 노래』
『당신은 아실이』
『비오는 날의 산책』
『안면도 여울목』
『금강 아리랑』
한국문인협회 회원
한국문인협회 군산지부회원
한국문인협회 익산지부회원
봉황문학 동우회원
시동네 문학동인
세계 시문학 회원

주소 : 573-861 전북 군산시 경암동 676-1 대명아파트 B동 508호
전화 : 自宅)063-442-7082 HP : 019-660-7082
E-mail : yik00@hanmail.net

인지
생략

들꽃시선 95

금강 아리랑

2008년 06월 01일 초판인쇄
2008년 06월 05일 초판펴냄

지은이/이경자

펴낸이/문창길

펴낸곳/도서출판 들꽃
주 소/100-273 서울 중구 필동3가 21-8 서울캐피탈빌딩 B202호
전 화/02)2267-6833, 2273-1506
팩 스/02)2268-7067
출판등록/제5-313호
E-mail:dlkot108@hanmail.net

값 6,000원
* 파본된 책은 바꾸어 드립니다.

ISBN 978-89-89607-114-9 04810
ISBN 978-89-951327-0-8 (세트)